대청호 사계

김은자 시조집

오늘의문학사

대청호 사계

| 시인의 말 |

만물이 소생한다는 3월—
사랑하고
사랑받고 싶은 계절
부족하지만
진솔한 삶의 이야기를 담았습니다.
하늘도 축복하듯
따스한 봄비가 내리네요.
좋다!!! 흠뻑 젖고 싶다.
늘 신선한 에너지를 주시는
훌륭하신
문학사랑 리헌석 이사장님
문예대학 김영수 학장님
문예대학 엄기창 원장님께
깊은 감사를 드립니다.
한 걸음 두 걸음
정성을 다하여 뚜벅뚜벅
걸어가겠습니다.

2025년 3월 어느 날

| 목차 |

시인의 말 ················· 5

제1부 그리운 고향

풍경화 1 ················· 13
묵언 수행 1 ··············· 14
묵언 수행 2 ··············· 15
무상 1 ·················· 16
무상 2 ·················· 17
모정 1 ·················· 18
모정 2 ·················· 19
슬픈 인연 ················ 20
정 ···················· 21
기다림 ·················· 22
통화 ··················· 23
여백 ··················· 24
송악산 가는 길 ············· 25
그리운 고향 ··············· 26
사계의 노래 ··············· 27
무언 ··················· 28
고통 ··················· 29
은하수 ·················· 30
반짝이는 별, 어머니 ··········· 31
지리산 천왕봉 ·············· 32

제2부 장사도 수국

풍경화 2 ······ 35
넝쿨장미 ······ 36
달빛 소리 ······ 37
뚝심으로 ······ 38
비밀 ······ 39
어머니 여정 ······ 40
소중한 사람 ······ 41
풋사랑 ······ 42
유월 풍경 ······ 43
그해 가을 ······ 44
장사도 수국 ······ 45
반딧불 ······ 46
무지개 ······ 47
그리움이 머무는 곳 ······ 48
동학사 ······ 49
삶 ······ 50
봄날에 ······ 51
비래사 ······ 52
성산리에서 ······ 53
요양원에서 ······ 54

제3부 구절초 사랑

벚꽃길 ······ 57
흔적 ······ 58
보름달 ······ 59
마주친 사랑 ······ 60
외사랑 ······ 61
산사 ······ 62
어느 가을날 ······ 63
옛집 ······ 64
사랑 ······ 65
가을 ······ 66
노숙 ······ 67
어머니 ······ 68
소롯길 ······ 69
세레나데 ······ 70
눈꽃 ······ 71
추억 ······ 72
구절초 사랑 ······ 73
대청호 사계 ······ 74
어느 봄날 ······ 75
경매사 이야기 ······ 76

제4부 하얀 찔레꽃

시린 사랑 ········· 79
참꽃 ········· 80
채송화 ········· 81
노송 ········· 82
침묵 ········· 83
여름날 ········· 84
하얀 찔레꽃 ········· 85
바다 ········· 86
멍에 ········· 87
아카시아꽃 ········· 88
고단한 삶 ········· 89
새벽 ········· 90
그리움 ········· 91
은하수 ········· 92
덕유산 ········· 93
겨울 연가 ········· 94
대청호 ········· 95
사과 ········· 96
웃는 호박 ········· 97
국화 축제 ········· 98

작품 해설 _ 문학평론가 리헌석 ········· 99

대청호 사계

김은자 시조집

제1부

그리운 고향

풍경화 1

소쩍새 성긴 울음 씻겨지는 대청호변
아직도 달을 품은 물 아래 옛집에는
보릿겨
개떡에 웃던
추억들이 머문다

아버지 친구였던 빈 지게 삼태기는
헛간 터 오랜 세월 주인을 기다릴까
어머니
베 짜는 소리
이 밤에도 들릴까

세상 것 다 버려도 못 버리는 것이 있다
눈물을 흩뿌리며 애절하게 떠난 아침
물 밑에
묻고 온 세월
풍경화로 떠오른다.

묵언 수행 1

눈먼 사랑 산 되고
귀 먼 사랑 강 되어

어둠길 마중 나간
갈바람 불어오면

호롱불
혼자서 견딘
세월이 서러워라.

묵언 수행 2

비래사 석가탑에
모자 벗고 다가가서

간절한 마음으로
탑돌이를 해본다

근심도
이곳에 와선
날개 접고 앉는다.

무상 1

국화 향기 말없이
바람 따라 마실 가면

흰 구름 낮달이랑
하늘가에 머물고

첫사랑
떠나간 자리
세월 속에 덧없다.

무상 2

불어오는 갈바람에
떨어지는 생각들

혼자 가는 인생길에
낙엽 되어 뒹굴고

산마루
넘어가는 달
가는 세월 서럽다.

모정 1

마음속 피고 지던
하 많은 추억들이

돌담 끝 자리 잡고
한으로 툭 터지면

어머니
긴 한숨 소리
바람결에 잠든다.

모정 2

드높은 창공에다
모든 시름 내려놓고

구름길 따라 홀로
천국 가신 어머니

그리움
자식 걱정에
별빛 되어 반짝인다.

슬픈 인연

은하수 뿌린 하늘
회색빛 구름 되어

소낙비 맞으면서
떠나간 그 사람을

가슴에
품고 살아갈
긴 세월 기약 없다.

정

꿈 하나 가슴에 묻고
긴 밤을 지새우니

여울진 마음 안에
맺어진 꽃봉오리

오늘 밤
내 품 안에서
활짝 피워 보세요.

기다림

구름이 머뭇대고
바람이 살랑대면

다정한 보슬비가
포근하게 내려와

내 가슴
작은 정원에
물망초를 심는다.

통화

핸드폰 웃는 소리
허기진 맘 달래고

청국장 쌀밥으로
오감을 채워 본다

오롯이
사랑받는 날
초승달도 웃는다.

여백

어머니 치맛자락에
흰 구름이 앉아서

그리움 엮어 놓고
향내 나는 색칠하면

하늘의
은하수들이
추억으로 꽃 피운다.

송악산 가는 길

반짝이던 바닷가 박수치며 웃는다
탱고에 왈츠까지 신이 난 갈매기는
찾아 올
기약도 없는
첫사랑을 기다린다

눈이 먼 그 사랑을 바다에 띄워 놓고
풍경을 눈에 담아 사진기 눌러대면
봄바람
시샘을 하며
옛 추억을 마신다

활짝 핀 유채꽃들 나비처럼 춤을 추고
내 안을 넘보던 햇살 빙그레 웃어 준다
한때는
나도 너처럼
찬란한 꽃이었다.

그리운 고향

골짜기 묵정밭에 개망초 피어나면
꿈 찾아 뛰어놀던 뒷동산 그리워서
소나무
가지마다에
솔방울도 울었다

대청호 푸른 물에 물비늘 반짝이면
물이랑 마디마다 피어나는 어린 시절
외사랑
가슴에 맺혀
흰 구름도 울었다

내 고향 말뫼골에 청보리 영글던 날
밭고랑 틈새마다 걱정거리 뽑던 엄마
배고픔
삼키던 날에
뻐꾸기도 울었다.

사계의 노래

봄
실바람 살랑대고 개나리 피어나면
어릴 적 냉이 캐던 추억이 아롱대고
텃밭에 하얀 나물꽃 친구 얼굴 그립다.

여름
바닷가 밀려오는 파도에 꿈을 싣고
갈매기 노랫소리 바람 따라 철썩이면
어부의 만선 깃발에 아낙들도 웃는다.

가을
들판의 황금물결 농부의 소망이다
올해도 풍년 들어 국화꽃 웃어주면
멍석에 누운 벼 보고 아버지가 웃는다.

겨울
실금 간 항아리를 함박눈이 덮어주고
울타리 사이사이 추억들이 기웃댄다
기울은 장독대 안에 소금꽃이 성근다.

무언

들판에 웃고 있는
아름다운 들꽃들

이름도 모르면서
덩달아 춤을 춘다

대화가
없는 시대를
살아가는 슬픔이다.

고통

혈관을 찾는다고
여기저기 찔러댄다

진단서 없는 상처
증인 없는 피해자

생명은
주인도 없는데
아픔은 내 몫이다.

은하수

신비로운 보석들
마음 가득 담고서

열린 하늘 창으로
반짝이는 눈망울

쏟아져
내리는 별빛
무지개로 피어난다.

반짝이는 별, 어머니

큰 기둥 세워 놓고 가슴에 등불 밝혀
하 많은 생각들을 단단히 꾸려 놓고
단숨에
쏘아 올려서
새 역사를 써 냈다

부풀어 터질 듯이 갈망은 더해가고
기어이 밀어 올린 우리들의 참 소망
누리호
불빛 함성이
온 세상을 밝혔다

내 안의 우주에도 반짝이는 별 있다
팔 남매 가지마다 열매를 맺어주고
천국에
깃발을 꽂고
웃고 계실 어머니[1]

---

1) 제37회 전국한밭시조백일장대회 대상(문체부 장관상) 수상 작품

지리산 천왕봉

가을 산 무르익어 힘겹게 걸어온 길
천왕봉 바라보니 바람이 먼저 와서
정상에 오르려거든 겸손하라 이른다

수백 년 세월 딛고 우뚝 선 소나무들
바위틈 뿌리내려 터 잡고 사는 지혜
마음의 거울을 꺼내 들여다본 나의 삶

힘들고 고단할 때 힘내라 응원하는
엄마처럼 넓은 품 포근히 안기어서
오름을 시작한 다짐 천왕봉을 오른다.

제2부

장사도 수국

풍경화 2

홍매화 수줍게 웃는
고향 마을 골목에

굴뚝에선 추억이
연기처럼 피어나고

묵정밭
못다 한 사연
들꽃으로 피어난다.

넝쿨장미

울타리 붉은 입술
님 생각에 미소 짓고

추억을 꽃향기에
버무려 입 맞추면

네 향기
가득한 곳에
풍경소리 휘어진다.

달빛 소리

앙상한 나뭇가지
달이 가다 멈춰서고

날아가던 뭉게구름
그림처럼 걸려 있다

누굴까
이 밤 색소폰
연주하는 저 사람.

뚝심으로

대청호 가부좌로
실눈 뜨고 앉아서

반백 년째 외사랑
가슴앓이 하고 있다

농익은
하얀 물비늘
속울음을 삼킨다.

비밀

박꽃 같은 미소에도
귀뚜라미 축시에도

마음 열지 못했네
달님도 잠자는 밤

외사랑
너무 시려서
찻잔 속에 담는다.

어머니 여정

여명이 밝아오면 희망차게 호미 들고
바람처럼 나가서서 밭이랑 일구시던
어머니
땀방울 흘러
가슴까지 적신다

진종일 잡초들은 호미 날에 쓰러지고
외로운 붉은 태양 속살대며 내려올 때
낮달은
서걱거리며
굽은 허리 펴라 한다

고달픔 등에 지고 사립문에 드는 순간
어스름 다가와서 무쇠솥에 밥 안치면
솔가지
불타오르고
가족 사랑 뜸 든다.

소중한 사람

케모마일 찻잔에
떠 있는 그대 모습

가슴에 담아 놨던
사랑가 한 소절로

빛바랜
추억을 불러
우린 향을 마신다.

풋사랑

대청호 물결 위에
인연을 풀어 놓고

언저리 모래알들
살며시 속삭이면

단장한
호수 얼굴은
윤슬로 반짝인다.

유월 풍경

계족산 초록 물고
날아온 새 한 마리

창문에 기웃대는
아름다운 실루엣

반가워
문 열어주니
여름 풍경 선물한다.

그해 가을

안부가 궁금해서
애가 탔던 가슴에

오색으로 물들었던
우리의 삶의 무늬

참나무
고운 빛깔로
타오른다. 활활활

장사도 수국

비탈길 숨은 비경
휘어 도는 바람 소리

조각달 구름 타고
바다를 스치는데

수국은
모자를 쓰고
장사도를 지킨다.

반딧불

당신의 멍울 앞에
멈춰 서는 고백들

그리움 날갯짓에
가슴 문 두드리며

깊은 밤
꿈을 찾아서
불빛들이 떠돈다.

무지개

일곱 빛깔 사다리
순간에 머물더니

황홀함 남겨 두고
홀연히 떠나간다

못다 한
사랑 이야기
하늘가에 걸렸다.

그리움이 머무는 곳

피로에 누운 하루 햇살로 씻어내고
노을이 통과하는 저녁을 마중하며
하늘가 별 무리에서 한 사람을 찾는다

연민을 남기려고 사모한 건 아니지만
소나무 가지 끝에 서 있는 백로 한 마리
사랑의 논리를 펴다 망부석이 되었다

대청호 윤슬 위에 반짝이는 삶의 무늬
나뭇잎에 젖어드는 이별이 서러워서
심장에 박힌 옹이를 세월 마디에 묻는다.

동학사

동학사 풍경소리
나뭇잎에 누워서

춘삼월 꽃바람이
온종일 두드려도

두 귀는
열리지 않아
가슴으로 듣는다.

삶

농익은 초록 물결
산자락에 병풍 치고

밝은 햇살 업고서
인생을 노래하네

한 많은
세월 웃으며
허허허 살라 하네.

봄날에

빗장 여는 산야에
두드리는 꽃물을

밤낮없이 안아주는
산들바람 넓은 품

훨훨훨 창꽃이 탄다
새로운 세상 열린다.

비래사

구름도 쉬어 가는
계족산 맑은 계곡

은어 떼 노닌 자리
낮달이 비추는데

비래사
풍경 소리가
내 마음에 눕는다.

성산리에서

일출봉 성산에서
바람이 마음을 열자

바다에 누운 낮달이
울퉁불퉁 흔들린다

어머니
고달픈 여정
다리미로 다려줄까.

요양원에서

먼 산을 바라보는 낡은 삶이 애처롭다
귀지를 꺼내려다 송두리째 파낸 기억
침침한
눈빛에 가려
새처럼 졸고 있다

방황하며 가는 삶이 망각의 늪에 왔나
눈물에 얹혀 있는 아들딸이 낯설다고
추억 속
세상을 보며
우두커니 앉아 있다

찬란했던 쌍무지개 세월을 재촉한다
앞산의 수리부엉이 구슬프게 운 지 오래
굽은 등
소풍길에서
쉼표 찍을 채비한다.

제3부

구절초 사랑

벚꽃길

꽃비가 걸어가며 행복을 수놓는다
인생길 마중 나와 햇님이 웃어주면
대청호
윤슬 위에도
봄 향기가 피어난다

꽃구름 휘날리다 손등에 내려오면
입으로 맞는 인사 후 하고 피어난다
짧은 삶
아쉬워하며
한적한 섬이 된다.

흔적

단잠을 깨운 것은 가녀린 신음 소리
고요를 깨트리는 그리운 선율이다
자식들
뒷바라지에
노을로 진 그 사랑

삶의 무게 버거워도 꽃처럼 웃으시던
인자한 그 모습이 무지개로 아롱지고
당신의
끝없는 마음
별빛 되어 반짝인다

평생을 자식 위해 희생하며 살다 가신
세월의 마디마다 빛나는 훈장처럼
어머니
삶의 자서전
내가 사는 버팀목.

보름달

높아서 바라만 본다
아득히 생각만 한다

묶은 매듭 풀어내고
너랑 손 맞잡는 날

둥글게
아름다운 꿈
펼치면서 살고 싶다.

마주친 사랑

처음 본 순간부터
반짝이던 눈빛이

바람처럼 스며들어
구름 타고 살그레

밤마실
꽃등 들고서
한적한 길 걷는다.

외사랑

혼자서 할 수 있는
쓸쓸한 사랑도 있다

한평생 그리워도
만날 수 없는 당신

가슴이
먹먹한 사람
구름으로 흘러간다.

산사

서풍이 걸터앉은
잎 떨군 나뭇가지

적막도 편히 누운
암자의 풍경 소리

이순의
언덕 초입에
심어놓은 화두 하나

굴곡진 삶의 무늬
묻어 있는 마음의 때

바람과 물소리로
헹구어 낸 검불까지

밤이면
별이 내려와
옥구슬을 빚는다.

어느 가을날

황금빛 들판에서
마음 환한 가을걷이
주판알 굴리면서 준비하신 추곡 수매
아버지
흥에 겨워서
부르시던 풍년가

바가지 쌀 씻는 소리
저녁별이 기웃대고
오랜만에 둘러앉은 식탁 위 가을 얘기
커피 향
하늬바람이
창틀에서 노닐고

어둠이 깊을수록
세상은 입을 닫고
한 줄기 빛을 찾아 귀뚜라미 반기는데
초승달
쫑긋 세운 귀
구름 사이 머문다.

옛집

대문이 열려 있다 누구를 기다리나
마당에 늙은 감나무 외로운 가지마다
어릴 적
추억 그리워
나뭇잎이 서걱댄다

맷돌이 누워 있는 지난날 틈새마다
투박한 삶의 무늬 기다림 그려 놓고
묵은 때
몽글게 피어
거문고를 울린다

입 벌린 아궁이에 장작불 지필 때에
깊숙이 넣으라던 어머니의 목소리
부뚜막
터줏대감으로
고고하게 살아간다.

사랑

초록물 상큼하게 입혀 논 산마루에
임 향기 마실 오면 심장은 귀를 열고
달콤한
사랑 이야기
햇살처럼 번진다

삶의 길 고단해도 무지개 바라보며
풍요를 꿈꾸던 여정 일상을 수놓으며
두 사람
손을 맞잡고
오솔길을 걷는다.

가을

감나무 가지 끝에 주황색 홍시 하나
나들이 가고 싶어 얼굴을 내미는데
국화꽃
입고 가라고
순백 옷을 내준다

물들은 단풍들의 날갯짓 눈부시고
황금 들녘 음계마다 온몸으로 노래하면
그리운
어머니 음성
청량으로 눕는다.

노숙

자전거 보관소 옆
굽 없는 구두 한 짝

걸어가는 길고양이
바라보다 밟고 간다

잔상은
집 없는 설움
풍찬노숙 성글다.

어머니

꽃밭에 자리잡은
국화 같은 어머니

숭고한 사랑으로
팔 남매 기르시다

세월 복
못 누리시어
보름달로 뜨셨다.

소롯길

꽃향기 그윽한 길 저무는 노을처럼
세월에 담은 정을 소복이 쌓아놓고
어머니
좁고도 먼 길
한숨으로 나서더니

널어놓은 광목 치마 바람도 울던 날에
통한의 몸짓으로 세월 닫고 가셨다
고단한
일상의 매듭
호반 위에 풀어놓고

대청호 물결 위에 결 고운 그리움들
한 생의 굴레 따라 시린 정 여며놓고
긴긴밤
보고픈 마음
명치끝이 아리다.

세레나데

수정처럼 맑은 소리
행간에 걸려 있다

한 생애 사랑 담긴
행복한 엄마바라기

고결한
수선화처럼
농익은 노래 부른다.

눈꽃

덕유산 상고대는
연인들 사랑이다

물결처럼 출렁이는
그리운 마음들이

순백의 영롱함으로
피워낸 도라지꽃

산허리 휘어 감는
매서운 바람 소리

나무 위 은빛 물결
속절없이 떨어져도

C장조 소프라노로
희망가를 부른다.

추억

북서풍 스산하게 불어오는 어느 날
바람 따라 가다가 걷던 길 멈춰 서면
수많은
삶의 조각들
내 마음을 비춰준다

초승달 기울던 날 그대와 하나 되어
가난해도 행복했던 밤하늘 별빛처럼
은하수
언저리에서
행복하게 살았다

흐르는 세월 따라 노년으로 가는 인생
눈처럼 흩어지는 생각들 모아 모아
창공을
비상하는 새처럼
낡은 삶을 설계한다.

구절초 사랑

낮달이 허리 굽혀
호미질 사근거리면

들국화 대궁마다
어머니 깊은 사랑

정맥류 혈관 따라서
피어나는 숨결들

햇살에 소망 걸고
켜켜이 심은 세월

그리움 나비처럼
아픔조차 포개 놓고

어머니 떠나신 자리
구절초꽃 환하다.

대청호 사계

물안개 피어나는 대청호 소쩍새 되어
상큼한 봄소식에 보금자리 꿈꾸며
오늘도 소소한 행복 물결 위에 그린다

폭우가 쏟아진다. 고향 잃고 애끓는
실향민의 눈물이다. 큰 소리로 울부짖는
참새들 합창 소리가 산자락을 적신다

물가의 버드나무 나뭇잎 서걱이고
붉은 노을 서글피 이불처럼 눕더니
기러기 수평선 멀리 고향 생각 노래한다

눈보라 몰아치는 호숫가 언저리에
그리움 묻어 놓고 둥근 해 떠오르면
만릿길 수리부엉이 내 가슴에 숨어 운다.

어느 봄날

관절염 굽은 손으로
치맛자락 여미우고

냉이 캐는 아낙네는
꿈을 캐고 있었다

미완성
밭고랑에서
이정표를 그린다.

경매사 이야기

새벽길 어스름에 초승달 살짝 웃고
오늘도 힘겨움을 다독여 손 내밀면
깡통에 누운 장작불 동백꽃이 피어난다

걷다가 뛰어가도 버거운 삶의 무게
콧노래로 흥얼대면 땀 내음도 달콤하다
하늘가 희망 무지개 찬란하게 빛난다

내일은 산마루에 둥근 해가 뜨려나
눈부신 미래 꿈꾸며 천천히 가노라면
햇살도 날개 펼치며 희망 노래 부른다.

제4부

하얀 찔레꽃

시린 사랑

모퉁이 찻집에서 성글은 이야기를
찻잔에 담근 채로 허공만 응시하다
두 마음
이슬꽃 되어
소리 없이 떨어졌다

곰처럼 침묵하며 앉아 있는 그대 모습
이별을 선언하고 철옹성에 갇힌 나
사랑은
수평선 멀리
안개 덮고 누웠다

긴 세월 아린 아픔 그리운 사연들을
촘촘하게 엮어서 내 마음 전하려고
사랑초
굽은 등 따라
시어들을 그린다.

참꽃

애틋한 우리 사랑
함초롬 빗질하고

봄바람 속삭임에
툭 하고 터진 꽃물

산허리
흥건히 적셔
가슴앓이 하던 날.

채송화

바람에 실려 왔던
별빛 같은 로맨스

눈 맞은 여름날을
남기고 떠나간다

장독대
돌 틈에 씨앗인지
안부인지 뿌려 놓고.

노송

계족산 자드락에
참선 중인 노송 있다

곤두선 백팔번뇌
풍경 소리 위로받고

햇살로 염주를 꿰어
바람경을 읊는다.

침묵

외로운 새 한 마리
창가에 사뿐 앉아

혼자인 설움 궁금해
눈빛을 던졌더니

말없이
스치는 숨결
바람 속에 묻고 간다.

여름날

바람의 방향 따라서
수국이 춤을 춘다

줄기마다 풍성한
꿈들이 매달려서

본향의
보금자리에
무지개를 그린다.

하얀 찔레꽃

햇살이 가득한 날 꿈들이 수런대면
바람의 숨결 따라 옷자락 펄럭이고
꽃대궁
진한 향기로
계절 위에 눕는다

흙냄새 정겹다며 논두렁 분 바르던
아버지 잔주름에 찔레꽃 피어나고
오롯이
자식들 위해
희생하신 아버지

호숫가 꽃잎 배에 추억을 띄워 놓고
물결에 일렁이는 하염없는 그리움
대청호
숨은 내 고향
물안개로 피어난다.

바다

무지개 하늘가에 살그레 마실 오면
찾아가는 넓은 가슴 모서리에 기대면
파도의
작은 속삭임
달콤한 선율이다

꿈들이 부서지는 초록빛 물결 위에
우리의 추억들이 흩어져 남실대면
갈매기
낮은 음성으로
묵은 마음 다독인다

끝없는 수평선에 생각들 포개 놓고
한세월 창창한 뜻 왜 미처 몰랐을까
무너진
모래성 아래
그리움을 묻는다.

멍에

대청호 언저리에 바람이 남실대면
그리워 생각난다. 고단한 순간마다
찾았던
산모롱이에
노래하던 또랑가

준비 없는 이별에 시리고 아픈 마음
물방울 부서지는 징검다리 위에서
베인 맘
부여잡고서
하염없이 울었다

지난날 마디마다 조각난 마음들에
돌이킬 수 없는 멍에 옹이 되어 아프고
물가에
철퍼덕 앉아
젖은 마음 달랜다.

아카시아꽃

계족산 자드락에
초록 옷 마실 오면

반갑게 웃어주는
아카시아 꽃잎들

바람길
닿는 곳마다
달콤함을 뿌린다

청풍에 살랑대는
햇살은 바라춤을

거칠게 호흡하는
꽃대궁 가슴에는

못다 한
오월의 사랑
시절가로 눕는다.

고단한 삶

다져진 논바닥을 암소의 힘을 빌려
모내기 준비하고 포기마다 꿈을 심어
가을날
풍년을 위해
희망가를 부른다

햇살을 쪼개 놓고 하루가 고단해도
식구들 배부름을 소망하는 마음으로
들녘의
허수아비처럼
외길 인생 지킨다

농사를 지어 봐도 토강은 늘 빈 공간
대청마루 끝에는 그림자 졸고 있고
아버지
빈 지게 위엔
그믐달이 눕는다.

새벽

모두가 잠든 새벽
나 홀로 깨어나면

어둑한 시간들이
살그레 멈춰 서고

쓰다 만
고운 시어들
흩어져서 눕는다

그리워 아픈 것은
모두가 시가 되고

어둠 속 내려오는
빗물은 눈물 되어

하룻밤
물 마신 문장
창가에서 흐느낀다.

그리움

어머니 그리워서 대청호 기웃대면
유영하는 거위들 반갑게 웃어 주고
은비늘
주름치마에
엄마 꽃이 피어난다

푸성귀 텃밭에서 들꽃들도 뛰놀고
평화롭게 살던 곳 홍두깨 밀어 만든
엄마표
호박 칼국수
간절하게 먹고 싶다

하늘의 별 무리들 감나무 걸터앉아
팔 남매 행복하게 정 나누던 그 시절
뻐꾹새
울음소리에
고향집이 걸어온다.

은하수

바람도 쉬어 가는
마산리 나의 고향

살그레 굽은 세월
꽃잎처럼 포개 놓고

별 무리
고운 마음으로
추억 한 장 넘긴다

영롱한 별빛 따라
겹겹이 담은 그리움

내 사랑 바람 타고
하늘가 서성이면

오늘도
꺼지지 않을
등불띠를 매단다.

덕유산

청량한 새 소리가
더위를 식혀 주고

계곡의 폭포수는
잠자는 산을 깨우려

산사의
풍경을 타고
초인종을 누른다.

겨울 연가

시린 별빛 걸치고
가로수를 바라본다

바람에 서걱이던
여민 정 옹이 되어

앙상한
나뭇가지에
그리운 맘 매단다.

대청호

산모롱 기웃대던
실바람 마음 열고

산그림자 가슴 풀어
호수에 일렁이면

초승달
강둑에 누워
그리움을 마신다.

사과

갈바람 계절풍에
휘청이는 나무줄기

잘 자란 자식들이
행여나 떨어질까

어머니
빨간 능금을
부여잡고 서 계신다.

웃는 호박

흙 속에 숨은 씨앗
살그레 미소 짓고

당찬 근육 줄기마다
영근 삶 익어 가면

어머니
황금빛 인생
고향 하늘 물든다.

국화 축제

달려온 인생 마당에
삶의 색채 포개 놓고

꽃대궁 마디마다
내 마음 걸어두면

슈퍼 문
달빛 소나타
C장조를 탄주한다.

| 작품 해설 |

모성의 형상화와 불심의 내면화
- 김은자 시조집 『대청호 사계』를 읽고 -

문학평론가 리 헌 석
사단법인 문학사랑협의회 이사장

1.
 2025년 초두(初頭)에 1980년대에 읽었던 『시조 창작법』을 다시 읽습니다. 백수(白水) 정완영(鄭椀永, 1919~2016) 선생이 가려 뽑은 시조와 선생의 자선작을 풀이하며 철학적 깊이를 평설한 책입니다. 객관적 논거도 제시하였지만, 선생의 주관적 해설이 솔깃해서 읽고 또 읽습니다.
 시조 음수율에서 파격의 미를 인정하면서도, 때로 경계하는 말씀이 오롯합니다. 〈(음수율을 지키지 않아) 모자라거나 넘치거나 해도 아무런 무리를 가져오지 않는 경지, 이것을 파격이라고 한다. 자유무애(自由無碍)를 터득한 사람은 아무 경역(境域)을 드나들어도 그것이 순유(巡遊)가 되지만, 그렇지 못한 사람이 제 영역을 벗어나면 그것은 월경(越境)이 되고 범경(犯境)이 되는 것이다.〉 그러니 〈함부로 본받을 일이 못 된다.〉는 말씀으로 경계합니다.
 이 책을 다시 독서하는 시기에 김은자 시인의 첫 시조집 원고를 받아 감상합니다. '종장이 살아 있어야 시조답다'는 백수 선생의 말씀처럼 종장에 중심을 둔 작품들이 대부분이었습니다. 때로는 하얀 달과 하얀 배꽃이 조응하는 것처럼, 평시조에서 각 장이 서로 의미 단락으로 조응하는 것처럼, 그의 연시조에서는 각 수의 연계가 자연스럽게 조응하는 작품들이었습니다. 그중 1편을 함께 감상하기로 합니다.

> 큰 기둥 세워 놓고 가슴에 등불 밝혀
> 하 많은 생각들을 단단히 꾸려 놓고
> 단숨에
> 쏘아 올려서
> 새 역사를 써 놨다
>
> 부풀어 터질 듯이 갈망은 더해가고
> 기어이 밀어 올린 우리들의 참 소망
> 누리호
> 불빛 함성이
> 온 세상을 밝혔다
>
> 내 안의 우주에도 반짝이는 별 있다
> 팔 남매 가지마다 열매를 맺어주고
> 천국에
> 깃발을 꽂고
> 웃고 계실 어머니.
>
> — 「반짝이는 별, 어머니」 전문

대한민국에서 독자 개발한 우주발사체 '누리호'의 성공적 비

행을 축하하는 감격적 분위기가 온 나라를 휩쓸던 시기였습니다. 2022년에 대전시조시인협회에서 개최한 '제37회 전국한밭시조백일장'에 참석한 김은자 시인은 이 작품을 제출하여 대상(문화체육관광부 장관상)을 받습니다. 그리하여 시집 1권『별이 되신 당신』을 발간한 시인이자, 민족시를 창작하는 정통 시조시인으로 어엿하게 등단하여 시조 창작에 집중합니다.

  이 작품의 주제어는 '새 역사' '누리호' '어머니'로 수용됩니다. 1수에서는 누리호 발사 성공이 우주과학 분야의 '새 역사'라는 것, 2수에서는 누리호 발사 성공으로 우리들의 '참 소망'이 이루어졌다는 것, 특히 '불빛 함성'으로 표현한 공감각적 이미지가 절묘하다는 것, 3수에서는 초장 〈내 안의 우주에도 반짝이는 별 있다〉라는 정서적 징검다리를 통하여, 팔 남매를 잘 길러주신 모성(母性)으로 귀납(歸納)하는 형상화가 걸출하다는 것, 천국에 계신 어머니께서도, 누리호의 성공에 박수를 치며 환호하는 시인의 정서와 호응하리라는 것 등을 확인할 수 있습니다.

  한밭시조백일장에서 대상을 수상하여 시조시인으로 자리 잡은 김은자 시인은 시조 창작에 열중하여 2년여에 100여 편의 시조를 빚습니다. 그 가운데 80여 편으로 첫 시조집『대청호 사계』를 발간하기에 이릅니다. '대청호'는 대전광역시와 충청북도의 경계를 짓는 호수인데, 댐을 완공할 때 시인의 고향이 수몰(水沒)됩니다. 그리하여 김은자 시인은 '수몰 실향민'으로서 대청호를 서정의 중심에 두고 있습니다.

2.
  김은자 시인은 대청호를 자주 찾습니다. 어쩌다 가끔 찾는 것이 아니라, 봄이면 물속에 거꾸로 비친 만화방창(萬化方暢)한 봄꽃을 보러 가고, 여름이면 호수 속의 녹음(綠陰)을 찾아가고, 가을이면 물에 가라앉아 있는 만산홍엽(滿山紅葉)을 만나러 가고, 겨울이면 한복과 같이 고즈넉하게 펼쳐진 설경을 찾습니다. 그 과정에서 눈물겨운 그리움을 시조로 풀어냅니다.

> 대청호 가부좌로
> 실눈 뜨고 앉아서
>
> 반백 년째 외사랑
> 가슴앓이 하고 있다
>
> 농익은
> 하얀 물비늘
> 속울음을 삼킨다.
>
> – 「뚝심으로」 전문

 1973년에 준공한 대청호는 50여 년간 변함없는 자세로 시인을 맞습니다. 사찰에서 가부좌를 한 채 부처님이 실눈을 뜨고 바라보는 것과 같습니다. 그렇게 마주앉아 '실향의 가슴앓이'로 괴로워하시던 어머니를 떠올립니다. 시인은 슬퍼도 겉으로 슬픔을 드러내지 않고 '속울음'을 삼키며, 부서져 하얗게 반짝이는 물비늘에 시인의 정서를 이입(移入)합니다. 들어갈 수 없는 호수 속의 고향은 만나 뵐 수 없는 어머니와 동일시되어 시인의 가슴을 아프게 합니다. 이와 같은 아픔과 그리움이 다음과 같은 3연시조로 빚어집니다.

꽃향기 그윽한 길 저무는 노을처럼
세월에 담은 정을 소복이 쌓아놓고
어머니
좁고도 먼 길
한숨으로 나서더니

널어놓은 광목 치마 바람도 울던 날에
통한의 몸짓으로 세월 닫고 가셨다
고단한
일상의 매듭
호반 위에 풀어놓고

대청호 물결 위에 결 고운 그리움들
한 생의 굴레 따라 시린 정 여며놓고
긴긴밤
보고픈 마음
명치끝이 아리다.

-「소롯길」전문

  슬퍼서 더 아름다운 작품입니다. 대청호 수몰(水沒)로 고향을 떠나던 날의 그림입니다. 어머니를 중심인물로 그린 것은 '고향'과 '어머니'가 '모성(母性)'이라는 정서적 공통분모를 지녔기 때문일 터입니다.
  첫째 수는 어머니가 〈꽃향기 그윽한 길 저무는 노을처럼/ 세월에 담은 정을 소복이 쌓아놓고〉 고향을 떠나시던 그림입니다. 고향을 뒤에 두고, 어머니는 〈좁고도 먼 길〉을 한숨지으며 떠나시지만, 이는 시인의 정서를 대변하는 것으로 보아 무리가 없습니다.

둘째 수에서는 고향을 떠나셨던 어머니께서 작고하여, 고향 인근으로 찾아오시는 그림입니다. 시인의 어머니는 고단한 일상의 매듭을 호반(湖畔) 위에 마지막으로 풀어놓습니다. 〈널어놓은 광목 치마 바람도 울던 날에/ 통한의 몸짓으로 세월 닫고 가셨다〉고 회상합니다. 바람에 날리는 '광목 치마'는 전통적 '상여(喪輿)'의 부분인 '앙장(차일, 천 자락)'의 보조관념일 터입니다. 특히 통한의 몸짓으로 〈세월 닫고 가셨다〉는 표현은 '생과 사'의 지경을 곡진하게 표현한 것이어서 가슴 먹먹한 정서를 환기합니다.

셋째 수에는 대청댐 호반에 모셔놓은 어머니를 그리워하는 시인의 정서가 오롯합니다. 〈대청호 물결 위에 결 고운 그리움들〉에서 시인은 어머니 '한 생의 굴레'를 '시린 정'으로 여미며 호수에서 반짝이는 물비늘을 연상합니다. 어머니를 보고픈 마음으로 밤잠을 설칠 때, 시인은 가슴 아래 명치끝이 아려왔을 터이고, 이러한 정서는 독자들에게도 전이되어 그 아픔의 정서를 공유하게 됩니다.

> 아버지 친구였던 빈 지게 삼태기는
> 헛간 터 오랜 세월 주인을 기다릴까
> 어머니
> 베 짜는 소리
> 이 밤에도 들릴까
>
> — 「풍경화 1」 둘째 수

이 작품의 첫째 수에서는 시인의 정서적 고향으로 〈소쩍새 성긴 울음이 씻겨지는 대청호〉가 있고, 아직도 달을 품고 있는 물 아래의 옛집을 그리워하고 있으며, 보릿겨로 만든 '개떡'을 함께 먹으며 웃던 추억이 머물러 있습니다. 뒤를 이은 둘째 수에서 아버지의 지게와 삼태기를 추억합니다. 이어 어머니 베 짜던 소리도 그리워합니다. 지게와 삼태기는 물속에 두고 온 것들이어서 볼 수 없을 터이매 오매불망 그리운 대상입니다. 베 짜는 소리 역시 들리지 않아서 더욱 그립게 마련입니다. 이 과정을 거쳐 셋째 수에서는 〈눈물을 흩뿌리며 애절하게〉 떠나던 아침을 추억합니다. 아직도 잊을 수 없는 것은 〈물 밑에/ 묻고 온 세월〉입니다. 그리하여 대청호를 떠올리면, 추억의 입자들이 꿈에도 그리운 '풍경화'를 선명하게 그립니다. 이 또한 고향이 그리워 생성된 내면의 반향(反響)일 터입니다.

3.

　김은자 시인은 '어머니'를 그리워하는 것만으로도 눈물을 흘릴 정도로 다정다감한 감성을 지닌 분입니다. 그럼에도 시인은 흘러넘치는 감성을 스스로 가라앉혀, 간결한 평시조에 '정갈한 모성'을 담아내기도 합니다. 쉴 틈 없는 집안일은 물론, 자녀를 양육하느라 다 보낸 세월, 자녀들이 편히 모실 만할 때 어머니는 하늘의 '보름달'로 떠 계십니다. 어머니에 대한 그리움과 사랑을 보름달에 의탁한 시심이 곱습니다. 주정적인 감성을 가라앉혀서 맑은 정서로 길어 올린 작품이 오롯합니다.

꽃밭에 자리잡은
국화 같은 어머니

숭고한 사랑으로
팔 남매 기르시다

세월 복
못 누리시어
보름달로 뜨셨다.
– 「어머니」 전문

김은자 시인의 정서에는 '어머니'가 절대적 대상으로 상존(常存)합니다. 그러나 정서와 정서 사이에 신심(信心)이 스며들어 신앙의 푸른 숲을 이룹니다.

서풍이 걸터앉은
잎 떨군 나뭇가지

적막도 편히 누운
암자의 풍경 소리

이순의
언덕 초입에
심어놓은 화두 하나

굴곡진 삶의 무늬

묻어 있는 마음의 때

바람과 물소리로
헹구어 낸 검불까지

밤이면
별이 내려와
옥구슬을 빚는다.

-「산사」 전문

이 작품의 주제어를 확인하면서 시인의 내면을 기행(紀行)하기로 합니다.

첫째 수에서는 '잎 떨군 나뭇가지' '이순의 초입' '화두 하나' 등으로 보입니다. 이순(耳順, 60세)의 초입(初入)을 시인은 인생의 가을쯤으로 생각하는 것 같습니다. 겨울을 가리키는 북서풍의 앞에 오는 바람이기 때문에 '서풍'일 것이고, 이 바람이 나무에 멈추면 나뭇가지의 잎도 떨어지기 시작할 터입니다. 그 광경을 목도한 시인이 삶에 대한 '화두 하나'를 찾아내었다고 밝힙니다. 화두가 명징(明澄)하게 드러나지는 않는데, 독자들에게 넌지시 던지는 선승(禪僧)들의 문답과도 같습니다. 즉 시인은 독자들에게 '염화시중(拈華示衆)'의 격조를 제시합니다.

둘째 수에서는 자신을 반성하는 자세로 시작합니다. 자신의 마음에 있는 〈굴곡진 삶의 무늬/ 묻어 있는 마음의 때〉를 고백하지만, 지나칠 정도로 정갈한 반성입니다. 시인의 다정다감한 정서, 그리고 삶의 자세가 드러난 생활 면면에서, 어려운 사람들을 자진하여 돕는 불교의 '보살행'을 실천하는 분이기 때문입니다. 바람과 물소리로 〈굴곡진 삶과 마음의 때〉를 헹구는 밤이면, 〈별이 내려와/ 옥구슬〉을 빚고 있다는 형상화에서 순수한 내면을 공유하게 됩니다. 이러한 지향은 생활 속에서 스스로 깨우치는 자세가 투영됩니다.

>비래사 석가탑에
>모자 벗고 다가가서
>
>간절한 마음으로
>탑돌이를 해본다
>
>근심도
>이곳에 와선
>날개 접고 앉는다.
>
>― 「묵언 수행 2」 전문

　불자들의 수행은 다양한데, 말을 함으로써 짓는 온갖 죄업을 짓지 않고, 스스로의 마음을 정화시키기 위한 묵언수행(默言修行)도 그 가운데 하나입니다. 초장(初章) 〈비래사 석가탑에/ 모자 벗고 다가가서〉에는 처처불심(處處佛心)의 격조일까, 불탑(佛塔)에 대한 경외심이 발현되고 있습니다. 중장(中章) 〈간절한 마음으로/ 탑돌이를 해본다〉에서는 마음을 다하여 탑돌이를 하는 자세가 경건합니다. 종장(終章) 〈근심도/ 이곳에 와선/ 날개 접고 앉는다.〉에는 구업(口業)으로 인한 근심도 발생하지 않을 터이고, 간절하게 기도하였기 때문에 내재해 있던 근심도 사라졌을 터이매, 묵언수행의 본질에 이른 것으로 보입니다.

4.

　백수(白水) 정완영(鄭椀永) 선생은 시조의 장자지풍(長者之風)을 이렇게 밝히고 있습니다. 〈동양화의 멋이 여백에 있고, 거문고나 가야금의 율조(律調)가 그 굴절과 단속(斷續)에 있듯이, 우리 시조의 참 멋이란 장(章)과 장(章) 사이의 여운에 있는 것인데, 요즘 유행하는 그 디스코 춤을 추듯 말로만 **빽빽**이 메워 버린다면 하늘도 감아 넘기던 승무(僧舞)의 소맷자락 같은 것은 어디 가서 찾아볼 것인가.〉 시조 창작에 있어 〈여유, 그 풍도의 정신을 배우자.〉고 권유하고 있습니다.

　옛시조에서는 장마다 한 행으로 잡아 배열하는 '장별 배행(章別排行)이 대부분이었지만, 현대시조에서는 현대 감각에 맞추어 구(句)를 한 행으로 잡아 배열하는 구별 배행(句別排行)을 선호합니다. 각 장을 두 개의 구(句)로 나누거나; 초장 중장은 2행으로; 종장은 첫 음수율을 별도로 나누어 3행이 되게 합니다. 김은자 시인은 이와 같은 형식을 다용(多用)하고 있는데, 좀 더 다양성을 추구하기도 합니다.

황금빛 들판에서
마음 환한 가을걷이
주판알 굴리면서 준비하신 추곡 수매
아버지
흥에 겨워서
부르시던 풍년가

바가지 쌀 씻는 소리
저녁별이 기웃대고

오랜만에 둘러앉은 식탁 위 가을 얘기

　　커피 향

　　하늬바람이

　　창틀에서 노닐고

　　어둠이 깊을수록

　　세상은 입을 닫고

　　한 줄기 빛을 찾아 귀뚜라미 반기는데

　　초승달

　　쫑긋 세운 귀

　　구름 사이 머문다.

- 「어느 가을날」 전문

　이 작품은 세 수로 된 연시조 형식입니다. 각각 초장(初章)은 구(句)와 구(句)를 나눈 '구별 배행'입니다. 〈황금빛 들판에서/ 마음 환한 가을걷이〉에 추수의 보람과 기쁨이 오롯하게 담겨 있습니다. 〈바가지 쌀 씻는 소리/ 저녁별이 기웃대고〉에 담긴 청각적 이미지와 시각적 이미지의 결합이 시조의 멋을 살립니다. 〈어둠이 깊을수록/ 세상은 입을 닫고〉에서는 이웃과 이웃 사이에 소통하지 못하는 세상살이를 비판적으로 표출합니다.

　각 수의 중장은 '장별 배행'을 선택하고 있는데, 초장에서 종장으로 넘어가는 징검다리 역할에 충실합니다.

　각 수의 종장은 세 개의 구(句)로 배열하였는데, 각 수마다 의미와 표현의 멋이 자연스럽습니다. 풍년이 들어 마음마저 풍요로운 〈아버지/ 흥에 겨워서/ 부르시던 풍년가〉를 들으며, 오랜만에 가족이 식탁에 둘러앉아 나누는 담소의 정겨움을 〈커피 향/ 하늬바람이/ 창틀에서 노닐고〉로 표현하는 공감각적 이미지 생성이 빛납니다. 〈초승달/ 쫑긋 세운 귀/ 구름 사이 머문다.〉라는 감각적인 비유가 시조 형식의 단조로움을 극복하고 있습니다. 시조 본래의 정형성을 유지하면서, 때로는 형식의 자유로움을 선택하여 참신한 정서를 환기하고 있습니다. 이러한 자세를 견지하고 있는 김은자 시인의 첫 시조집 작품 감상을 마칩니다.

대청호 사계
김은자 시조집

발 행 일	2025년 3월 15일
지 은 이	김은자
발 행 인	李憲錫
발 행 처	오늘의문학사
출판등록	제55호(1993년 6월 23일)
주　　소	대전광역시 동구 대전로 867번길 52(삼성동 한밭오피스텔 401호)
전화번호	(042)624-2980
팩시밀리	(042)628-2983
카　　페	http://cafe.daum.net/gljang (문학사랑 글짱들)
인터넷신문	www.k-artnews.kr (한국예술뉴스)
전자우편	hs2980@daum.net

공 급 처	한국출판협동조합
주문전화	(02)716-5616
팩시밀리	(02)716-2999

ISBN 979-11-6493-366-2
값 10,000원

ⓒ김은자 2025

* 이 책의 판권은 저작권자와 오늘의문학사에 있습니다.
* 이 책은 E-Book(전자책)으로 제작되어 ㈜교보문고에서 판매합니다.
* 잘못 만들어진 책은 구입하신 서점에서 교환해 드립니다.